Letters Forever

By Tom Luna • Illustrated by Laura Alvarez

Cartas para siempre

Escrito por Tom Luna • ilustrado por Laura Alvarez

Lectura Books
Los Angeles

Mockingbird Branch
Abilene Public Library
Abilene, TX

Camila was sitting on the sofa holding a picture of her grandfather, Felix. It showed him standing at the port in Veracruz with the Gulf of Mexico behind him. He was holding his favorite guitar, the *requinto*. It had been two years since he left San Antonio to return home to Veracruz.

Camila was only nine and she missed her grandfather with all her heart every day. When she was a baby it was her grandfather who often sang her to sleep. He had a deep beautiful voice and played the *requinto* with an almost angelic touch.

Camila estaba sentada en el sofá con una foto de su abuelo Félix. En ella aparecía de pie en el puerto de Veracruz con el golfo de México detrás de él. En sus manos sostenía su guitarra favorita, el requinto. Habían pasado dos años desde que él se fue de San Antonio para volver a su tierra, Veracruz.

Camila sólo tenía nueve años y extrañaba a su abuelo a diario con todo su corazón. Cuando ella era bebé, su abuelo le cantaba hasta que se quedaba dormida. Él tenía una voz profunda y hermosa y tocaba el requinto con un toque casi angelical.

2

3

When Camila was able to walk, Grandpa Felix
would take her to the zoo and the park.
It was fun with him and he was always
whistling or singing a tune from Veracruz.

Her parents said that one day they would
take her to Veracruz so she could see her
grandfather again but every year came and
went and they couldn't afford to visit him.

Cuando Camila aprendió a caminar, el abuelo Félix la llevaba al zoológico y al parque. Se divertía mucho con él y siempre lo escuchaba silbar o cantar alguna canción de Veracruz.

Sus padres le dijeron que algún día la llevarían a Veracruz para que pudiera ver a su abuelo otra vez pero los años pasaban y no tenían suficiente dinero para visitarlo.

On the day she turned 11, Camila decided she would go to Veracruz on her own. She stuffed her backpack, got on her red bike and started pedaling for the airport.

A friend of her mother who lived two blocks away, Mrs. Silva, saw her and called.

"Camila is riding down the street with a backpack," said Mrs. Silva to Camila's mother. "Where is she going?"

"She's not going anywhere. She knows she's not allowed to ride outside our block," said Mrs. Lucero, Camila's mom.

She hung up the phone and dashed outside to her car, caught up to Camila, stopped right in front of her and said, "Where are you going young lady?"

"I'm going to see Grandpa Felix in Veracruz," said Camila with a defiant stance. "It's only 938 miles away."

"No, you're not young lady," said Mrs. Lucero. "Turn around and ride yourself home right now."

Camila got back on her bike and rode home. Tears were running down her face.

When they got home Camila said, "Mama, when am I going to see Grandpa again? I miss him so much."

"I don't know," said Mrs. Lucero. "Business is slow for your father and we have to save money to fly down to Veracruz."

"I know, I know," said Camila.

El día que cumplió once años, Camila decidió ir a Veracruz sola. Empacó su mochila, se montó en su bicicleta y comenzó a pedalear hacia el aeropuerto.

Una amiga de su madre que vivía a dos cuadras, la señora Silva, la vio y le llamó por teléfono a su madre.

—Camila va por la calle en su bicicleta, lleva una mochila —le dijo la señora Silva a la mamá de Camila—. ¿Adónde va?

—No va a ir a ningún lugar. Ella sabe que no puede andar en bicicleta fuera de nuestra cuadra —dijo la señora Lucero, la madre de Camila.

Colgó el teléfono y salió corriendo a su coche, alcanzó a Camila y le dijo, —¿A dónde vas jovencita?

—Voy a ver al abuelo Félix a Veracruz —le contestó Camila, con una mirada desafiante—. Sólo queda a 938 millas de aquí.

—No, tu no vas jovencita —dijo la señora Lucero—. Da la vuelta y regresa a casa ahora mismo.

Camila volvió a montarse en su bicicleta y regresó a casa. Las lágrimas se deslizaban por sus mejillas.

Cuando llegaron a casa Camila dijo, —Mamá, ¿cuándo voy a ver al abuelo otra vez? Lo extraño tanto.

—No sé —dijo la señora Lucero—. El negocio de tu padre no va bien y tenemos que ahorrar dinero para ir a Veracruz.

—Lo sé, lo sé —dijo Camila.

She went into her room, pulled out her diary and decided then and there that she would write to her grandfather and ask him to write her back.

Entró a su cuarto, sacó su diario y en ese momento decidió que le iba a escribir a su abuelo y le pediría que le respondiera a su carta.

8

A Letter to Grandpa Felix – June 7

Dear Grandpa,
Life here is so empty without you. Everyone is always working and tired and no one sings to me like you used to.

It's starting to get warm here in San Antonio.

I have the picture of you in front of the ocean in Veracruz on my dresser and I look at it every day.

Will you please write back? Tell me what it's like there.

Love and kisses,
Camila

Una carta para el abuelo Félix – 7 de junio

Querido abuelo,

La vida sin ti es tan vacía. Todos siempre están trabajando y cansados y nadie me canta como tú solías hacerlo.

Está empezando a hacer calor aquí en San Antonio.

Tengo la foto en la cual estás frente al mar en Veracruz sobre mi tocador y la veo todo los días.

¿Me escribes por favor? Cuéntame cómo está todo por allá.

Amor y besos,
Camila

9

Days and days passed and then one sunny day the postman walked up to Camila's house and delivered the mail like he did most days.

Her Mama went through the mail and held up a blue envelope.

"Camila," said Mrs. Lucero. "You got a letter from Grandpa in Veracruz."

Camila ran across the room like a lightning bolt, took the letter and ripped it open.

A Letter to Camila – June 22

Dear Camila,

I got your letter. It was so sweet. I'm still here and wonder how you are. I'm working on a fishing boat and we go out to the bay every day. Sometimes we come back with many fish, sometimes with not so many.

Thank you for the photo. You have really grown. You're not my little Camila but a big girl with pretty eyes and long hair.

I miss you too. Every time I play "La Bamba" I think of you.

Do you remember how you used to dance when I sang it?

You were so happy. You made us all smile.

Sometimes when I'm out on the bay the wind seems to say your name—Camila, Camila, Camila—as it passes by.

And please don't worry, we'll see each other soon.

Love,
Grandpa Felix

Pasaron muchos días hasta que un día soleado el cartero se acercó a la casa de Camila y entregó el correo como lo hacía casi a diario.

Su mamá miró al correo y sacó un sobre azul.

—Camila —dijo la señora Lucero—. Te llegó una carta del abuelo, de Veracruz.

Camila corrió a través del cuarto como un rayo, tomó la carta, y la abrió.

Una carta para Camila – 22 de junio

Querida Camila,

Recibí tu dulce carta. Sigo aquí y me pregunto cómo estarás. Estoy trabajando en un bote pesquero y vamos a la bahía todos los días. Algunas veces regresamos con mucho pescado, otras con poco.

Gracias por la foto. Has crecido mucho. Ya no eres mi pequeña Camila, eres una niña grande con ojos bonitos y pelo largo.

Yo también te extraño. Cada vez que toco «La bamba» pienso en ti.

¿Te acuerdas como bailabas mientras yo cantaba?

Estabas tan feliz. Nos hacías sonreír a todos.

A veces cuando voy navegando en la bahía, el viento parece decir tu nombre al pasar—Camila, Camila, Camila.

Y por favor no te preocupes, nos vamos a ver pronto.

Con amor,
Tu abuelo Félix

Getting a letter was better than nothing. Camila made a big blue envelope out of construction paper to keep the letter safe and neat. She picked blue because her Grandpa sent his letter in a sky blue envelope and wrote his letter on blue paper.

A few days later she sat down in her backyard to write another letter.

A Letter to Grandpa Felix – July 2

Dear Grandpa,

I loved your letter on the blue paper. You have neat handwriting. It's easy to read.

Let me tell you what happened at school yesterday. My friend Angela was playing tetherball and someone hit the ball so hard that it hit her in the head and she fainted. Poor Angela. She has a bump on her forehead and cried and had to go see the nurse but she's ok. We were all shocked when it happened but everything's fine now and she's going to come over tomorrow so we can play.

I miss you so much. Mama gave me CDs with songs on it like the ones you used to sing. When I miss you and feel sad, I play them.

I hope I see you soon.

Love & hugs,
Camila

Every letter was a treat but Camila will always remember the one about Christmas Eve.

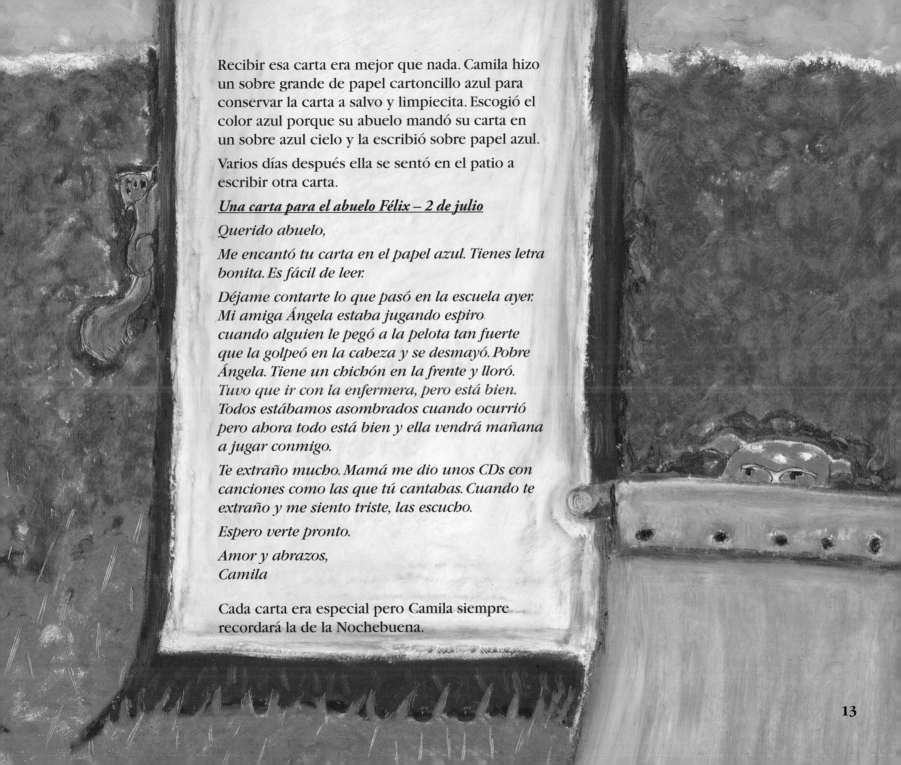

Recibir esa carta era mejor que nada. Camila hizo un sobre grande de papel cartoncillo azul para conservar la carta a salvo y limpiecita. Escogió el color azul porque su abuelo mandó su carta en un sobre azul cielo y la escribió sobre papel azul.

Varios días después ella se sentó en el patio a escribir otra carta.

Una carta para el abuelo Félix – 2 de julio

Querido abuelo,

Me encantó tu carta en el papel azul. Tienes letra bonita. Es fácil de leer.

Déjame contarte lo que pasó en la escuela ayer. Mi amiga Ángela estaba jugando espiro cuando alguien le pegó a la pelota tan fuerte que la golpeó en la cabeza y se desmayó. Pobre Ángela. Tiene un chichón en la frente y lloró. Tuvo que ir con la enfermera, pero está bien. Todos estábamos asombrados cuando ocurrió pero ahora todo está bien y ella vendrá mañana a jugar conmigo.

Te extraño mucho. Mamá me dio unos CDs con canciones como las que tú cantabas. Cuando te extraño y me siento triste, las escucho.

Espero verte pronto.

Amor y abrazos,
Camila

Cada carta era especial pero Camila siempre recordará la de la Nochebuena.

A Letter to Camila – December 24

Dear Camila,

It is the night before Christmas and I'm sitting in the zócalo, the big plaza where everyone comes to walk and see other people.

There are colored lights all around the plaza.

I'm thinking of you because every Christmas Eve I used to bring out my requinto and sing to the family.

Here's what happened tonight.

A band was playing music and many couples started dancing. It's called el danzón and that dance is special to us here in Veracruz.

The music was playing but you could also hear something else that only happens here in the plaza. When people drink their coffee and want a refill, they click their glasses. Yes, we drink our coffee in glasses, not cups.

And it was so beautiful with the lights and people dancing and the clicking of the glasses.

While I was sitting there watching everything some children came up and asked me to play a song. They saw my requinto and so I played "La Bamba." And people clapped and bought me coffee.

I thought of you, Camila, and remembered how you danced to my songs.

I hope I see you soon.

Love,
Grandpa Felix

Una carta para Camila – 24 de diciembre

Querida Camila,

Es la noche antes de Navidad y estoy sentado en el zócalo, la gran plaza donde todos vienen a caminar y a ver gente.

Hay luces de colores por toda la plaza.

Estoy pensando en ti porque cada Nochebuena yo sacaba mi requinto y cantaba para la familia.

Ésto es lo que pasó esta noche.

Una banda estaba tocando música y muchas parejas empezaron a bailar. Se llama el danzón y es un baile muy especial para nosotros aquí en Veracruz.

La música sonaba pero también podías oir algo más que sólo pasaba aquí en la plaza. Cuando la gente toma su café y quiere más, hace sonar sus vasos con sus cucharas. Así es, tomamos el café en vaso, no en taza.

Y era todo tan bello con las luces y la gente bailando, y el tilín-tilín de los vasos.

Mientras estaba sentado ahí viendo todo, unos niños me pidieron que tocara una canción. Vieron mi requinto y entonces yo les toqué «La bamba». Y la gente aplaudió y me invitaron un café.

Pensé en ti, Camila, y me acordé de cómo bailabas mis canciones.

Espero verte pronto.

Con amor,
Tu abuelo Félix

For many years Camila and Grandpa Felix sent letters back and forth.

On the day Camila turned 18, she was in her room with photos of her grandfather all around. She was working now and saving her money. Her family never did go to Veracruz but Camila was saving to go on her own.

She now had seven big blue envelopes full of letters from her Grandpa. Seven years of letters.

She thought that with one more year of saving she could buy a plane ticket and go to Veracruz. Her mother was worried and wondered if she would be safe but she told Mama that Grandpa would meet her at the airport.

She called her grandfather a year later and told him that she had the ticket and was going down to see him.

"Oh Grandpa," said Camila, "I'm so excited."

"Camila," he said, "I'm looking at a photo of you right now and you're a young woman. Don't be surprised when you see me. I have white hair now and walk a little slower but I can still play and sing like the old days."

Por muchos años Camila y el abuelo Félix se enviaron cartas el uno al otro.

El día en que Camila cumplió 18 años, estaba en su cuarto rodeada de las fotos de su abuelo. Ahora ella trabajaba y estaba ahorrando dinero. Su familia nunca fue a Veracruz pero Camila estaba ahorrando para ir ella sola.

Ya tenía siete grandes sobres azules llenos de las cartas de su abuelo. Eran siete años de cartas.

Pensó que con un año más de ahorros, podría comprar el boleto de avión para ir a Veracruz. Su madre estaba preocupada y se preguntaba si estaría a salvo pero Camila le dijo que el abuelo la encontraría en el aeropuerto.

Llamó a su abuelo un año después y le dijo que tenía el boleto y que iba a visitarlo.

—Ay, abuelo —dijo Camila—. Estoy tan emocionada.

—Camila —dijo él—, estoy mirando una foto tuya y eres una señorita. No te sorprendas cuando me veas. Tengo el pelo blanco y camino un poco más despacio pero todavía puedo tocar la guitarra y cantar como antes.

On September 5th Camila landed at the airport and there she saw her grandfather for the first time in ten years.

He was older like he said but he still had that twinkle in his eye.

They hugged and kissed and laughed.

"Grandpa," said Camila, "please, please take me to the plaza. Take me where they dance and click their glasses for more coffee."

And that's where he took her. She ordered coffee, drank it and then clicked her glass with her spoon for more.

Later that week they walked along the water-front.

But the best time they had was when her Grandpa pulled out his *requinto* and sang "La Bamba."

Camila smiled and her Grandpa Felix sang. She was the happiest she had been in a long time.

Camila danced as her grandfather played and sang just like she danced many years ago when she was a little girl.

During the next month, Grandpa Felix taught Camila how to play the *requinto*. They would sit in the plaza or at home and play together day after day.

Para bailar la bamba,
Para bailar la bamba,
Se necesita una poca de gracia.
Una poca de gracia pa mi pa ti.
Arriba y arriba
Y arriba y arriba, por ti seré,
Por ti seré
Por ti seré.

Yo no soy marinero.
Yo no soy marinero, soy capitán.
Soy capitán.
Soy capitán.

Bamba-bamba,
Bamba-bamba,
Ba...

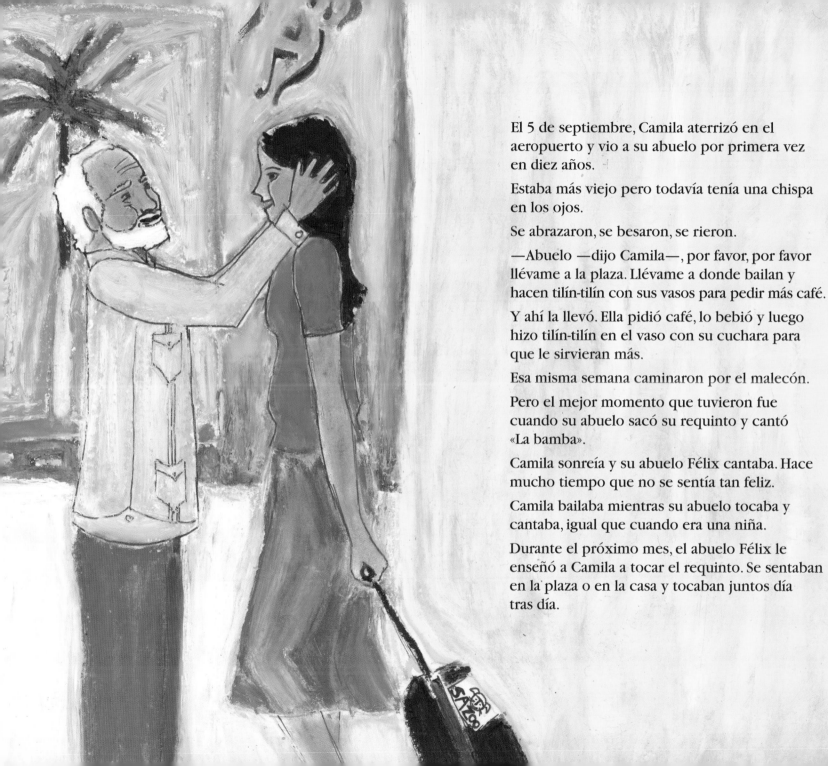

El 5 de septiembre, Camila aterrizó en el aeropuerto y vio a su abuelo por primera vez en diez años.

Estaba más viejo pero todavía tenía una chispa en los ojos.

Se abrazaron, se besaron, se rieron.

—Abuelo —dijo Camila—, por favor, por favor llévame a la plaza. Llévame a donde bailan y hacen tilín-tilín con sus vasos para pedir más café.

Y ahí la llevó. Ella pidió café, lo bebió y luego hizo tilín-tilín en el vaso con su cuchara para que le sirvieran más.

Esa misma semana caminaron por el malecón.

Pero el mejor momento que tuvieron fue cuando su abuelo sacó su requinto y cantó «La bamba».

Camila sonreía y su abuelo Félix cantaba. Hace mucho tiempo que no se sentía tan feliz.

Camila bailaba mientras su abuelo tocaba y cantaba, igual que cuando era una niña.

Durante el próximo mes, el abuelo Félix le enseñó a Camila a tocar el requinto. Se sentaban en la plaza o en la casa y tocaban juntos día tras día.

Then it came time for Camila to return to San Antonio.

One night they went to the plaza and while they were having dinner, Grandpa Felix gave her his *requinto*.

"No, Grandpa," said Camila, "I can't take this. It's yours."

"Now it's yours," he replied.

Camila opened the case and looked at the little guitar.

"I'm getting older," said Grandpa Felix, "and now it's your turn to keep up the tradition. Always play and when you do think of me."

It was hard for Camila to leave her grandfather and she cried all the way home but to this day, whenever she plays the *requinto*, she sees her grandfather's face and hears his voice singing.

Luego llegó la hora para que Camila regresara a San Antonio.

Una noche fueron a la plaza y mientras cenaban, el abuelo Félix le regaló su requinto.

—No, abuelo —dijo Camila—. No puedo tomar esto. Es tuyo.

—Y ahora es tuyo—él respondió.

Camila abrió el estuche y miró a la pequeña guitarra.

—Estoy envejeciendo —dijo el abuelo Félix—, y ahora es tu turno de mantener la tradición. Toca siempre, y cuando lo hagas piensa en mí.

Fue difícil para Camila dejar a su abuelo y lloró todo el camino de vuelta a casa pero hasta hoy, cada vez que Camila toca el requinto, puede ver la cara de su abuelo y escuchar su voz cantar.

21

Vocabulary • Vocabulario

Helmet • Casco

Envelope • Sobre

Bicycle • Bicicleta

Diary • Diario

Grandfather • Abuelo

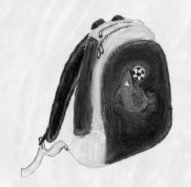

Backpack • Mochila

Glass • Vaso

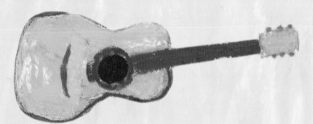

Guitar • Guitarra

Letter • Carta

Picture • Foto

Copyright © 2012 Lectura Books
All Right Reserved
First edition

Publisher's Cataloging-In-Publication Data
(Prepared by The Donohue Group, Inc.)

Luna, Tom.
    Letters forever / by Tom Luna ; illustrated by Laura Alvarez =
Cartas para siempre / por Tom Luna ; ilustrado por Laura Alvarez.

        p. : ill. ; cm.

    Bilingual. Parallel text in English and Spanish.
    Summary: Missing her grandfather who has moved from Texas
back home to Mexico, Camila tries to ride her bike to see him.
Since this is unsuccessful, she writes letters to him until she
grows up and is able to visit him in person.
    ISBN: 978-1-60448-023-8 (hardcover)
    ISBN: 978-1-60448-024-5 (pbk.)

    1. Grandparent and child–Juvenile fiction. 2. Letter writing–
Juvenile fiction. 3. Grandparent and child–Fiction. 4. Letter
writing–Fiction. 5. Spanish language materials–Bilingual.
I. Alvarez, Laura. II. Title. III. Title: Cartas para siempre

PZ7.L97871613 Le 2011
[Fic]   2011937677

Lectura Books
1107 Fair Oaks Ave., Suite 225, South Pasadena, CA 91030
1-877-LECTURA (532-8872) • lecturabooks.com

Printed in Singapore